재미만만 한국사 8
위풍당당 발해 탐구 보고서

초판 1쇄 발행 2020년 8월 24일 | 초판 15쇄 발행 2024년 8월 8일
글 박효미 | 그림 심민건 | 감수 하일식

발행인 이봉주 | 편집장 안경숙 | 기획 안경숙, 구름돌 | 편집 및 디자인 구름돌
디자인 포맷 구름돌, 민트플라츠 송지연 | 마케팅 정지운, 박현아, 원숙영, 김지윤, 황지영 | 제작 신홍섭

펴낸곳 (주)웅진씽크빅 | 주소 경기도 파주시 회동길 20 (우)10881
문의전화 031)956-7440(편집), 031)956-7569, 7570(마케팅)
홈페이지 www.wjjunior.co.kr | 블로그 blog.naver.com/wj_junior
페이스북 facebook.com/wjbook | 트위터 @new_wjjr | 인스타그램 @woongjin_junior
출판신고 1980년 3월 29일 제406-2007-00046호 | 제조국 대한민국 | 사용 연령 7세 이상

글ⓒ박효미, 2020 | 그림ⓒ심민건, 2020
저작권자와 맺은 특약에 따라 검인을 생략합니다.

웅진주니어는 (주)웅진씽크빅의 유아·아동·청소년 도서 브랜드입니다.
이 책은 저작권법에 의해 한국 내에서 보호를 받는 저작물이므로 무단전재와 복제를 금하며,
이 책 내용의 전부 또는 일부를 이용하려면 반드시 저작권자와 (주)웅진씽크빅의 서면 동의를 받아야 합니다.

ISBN 978-89-01-24411-2 · 978-89-01-24403-7(세트)

잘못 만들어진 책은 바꾸어 드립니다.
⚠ 주의 1. 책 모서리가 날카로워 다칠 수 있으니 사람을 향해 던지거나 떨어뜨리지 마십시오. 2. 보관 시 직사광선이나 습기 찬 곳은 피해 주십시오.

위풍당당 발해 탐구 보고서

글 박효미 | 그림 심민건

웅진주니어

재미만만 한국사
발해
차례

1. 포로가 세운 나라, 발해
6~33쪽

이름: 대조영
직업: 왕
성격: 포기 모름.

포로에서 왕이 된 인생 역전의 사나이! 어떤 유혹에도 넘어가지 않고, 어떤 위협에도 절대 무릎을 꿇지 않는다.

2. 무왕, 땅을 넓혀 큰 나라로
34~57쪽

이름: 무왕
특기: 땅 넓히기
성격: 열정적

의리에 살고 의리에 죽는 의리의 왕! 자신과 나라를 배신한 동생을 절대 용서하지 않는다. 전쟁을 할 때는 날씨 운도 따른다.

3 문왕, 다섯 길을 열다
58~69쪽

이름: 문왕
특징: 오래 삶.
특기: 건강 챙기기

장수의 아이콘. 무려 56년이나 왕으로 지내면서 발해를 탄탄하게 발전시킨다.

4 해동성국 발해
70~87쪽

이름: 다사와
국적: 일본
직업: 상인

담비 가죽을 사기 위해 배를 타고 발해에 온다. 흥겨운 발해 백성들에게 홀딱 반한다.

5 아, 발해!
88~101쪽

이름: 돌쇠
신분: 발해 백성
성격: 용감무쌍

발해를 위해 용감히 싸우다 고려로 간다. 한때 발해 사람이었다는 것을 자랑스러워한다.

1. 포로가 세운 나라, 발해

포로에서 왕이 된 사람, 바로 나 대조영.
난 포로로 당나라에 끌려갔다가
동아시아의 별 같은 나라, 발해를 세웠어.
놀라운 인생 역전이지!
비결이 뭐냐고?
어떤 고난에도 다시 일어나는 정신!
절대 무릎을 꿇지 않는 정신!
그것이 바로 전설을 이뤄 낸 비결이야.

난 본디 고구려의 장수였어.

너도 알지? 고구려가 당나라에 무너진 걸.

고구려 왕과 귀족들은 일찌감치 항복해 버렸지만,

우리 고구려 백성들은 끝까지 싸웠다고.

당나라는 그걸 너무나 두려워했지.

그래서 옛 고구려 백성들을 가만두지 않았어.

자기네 땅 여기저기로 강제로 끌고 가,

뿔뿔이 흩어지게 만들었어.

혹시 우리가 뭉칠까 봐 지레 겁을 먹었던 거야.

나도 그때, 아버지 '걸걸중상'과 함께
당나라 영주 땅으로 끌려갔어.
당나라 영주로 가던 길은 정말 고단했지.
"세상에나, 우리 고구려가 무너지다니."
"낯선 땅에서 이제 어찌 산답니까?"
함께 끌려가던 사람들은 내내 울었어.
나도, 아버지도 조용히 눈물을 훔쳤어.
하지만 속으로 분을 삭였지.
'이대로 무너지지는 않을 거야.'

영주에 가니 그곳에는 여러 민족이 살고 있었어.
거란 사람들, 말갈 사람들도 있었지.
우리처럼 나라 잃고 끌려온 처지였어.
"여기서 무너지면 안 됩니다.
마음 단단히 먹고 때를 기다립시다!"
우리는 서로 다독였어.
그런데 당나라 사람들이 어찌나 못살게 구는지,
하루하루 편할 날이 없었지.

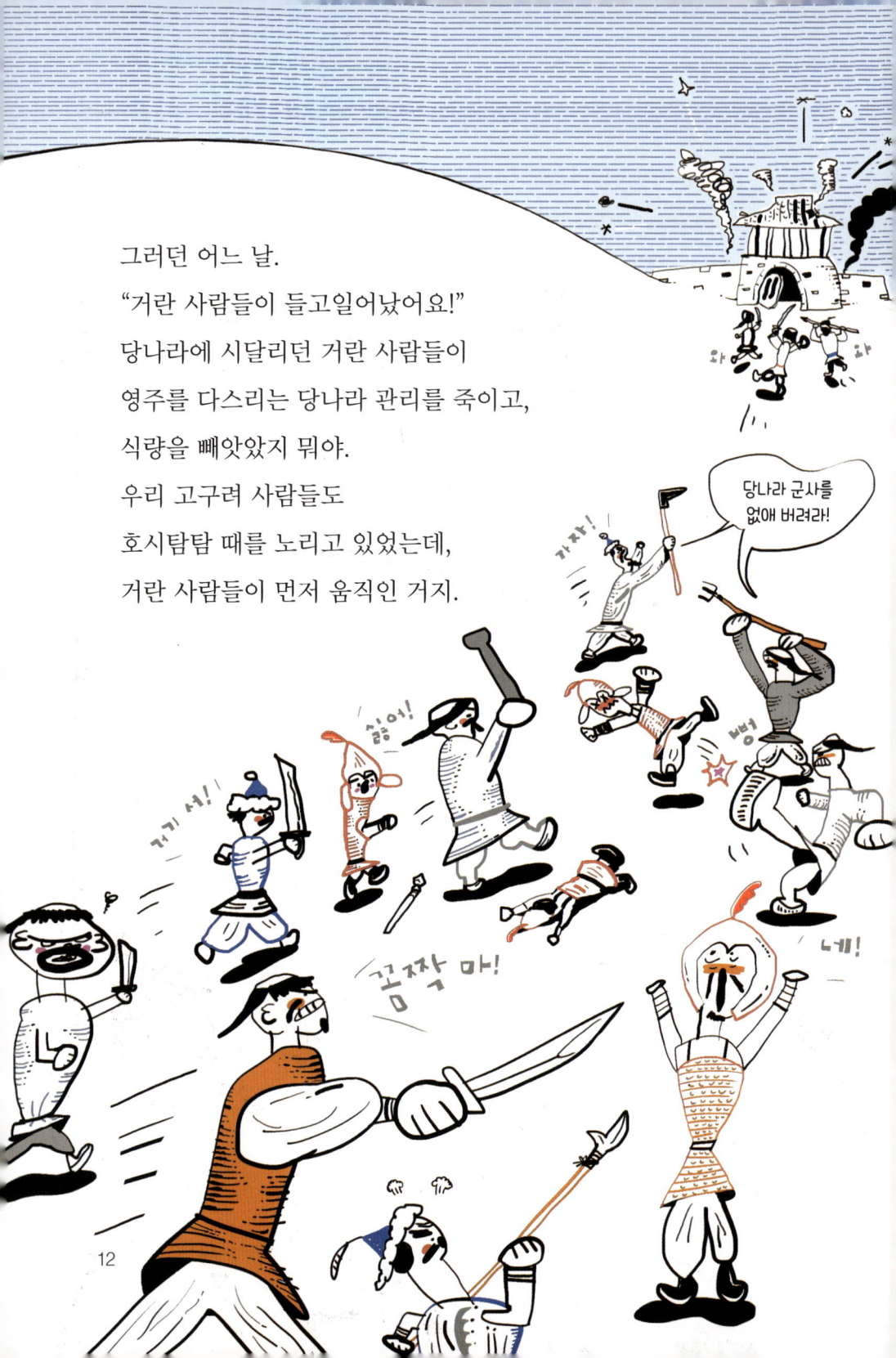

"혼란스러운 지금이야말로 영주를 빠져나갈 기회다. 멀리 가서 새로운 나라를 세우자."
아버지와 나는 고구려 사람들을 이끌고 움직였어. 우리를 따르던 말갈 사람들도 함께였어.

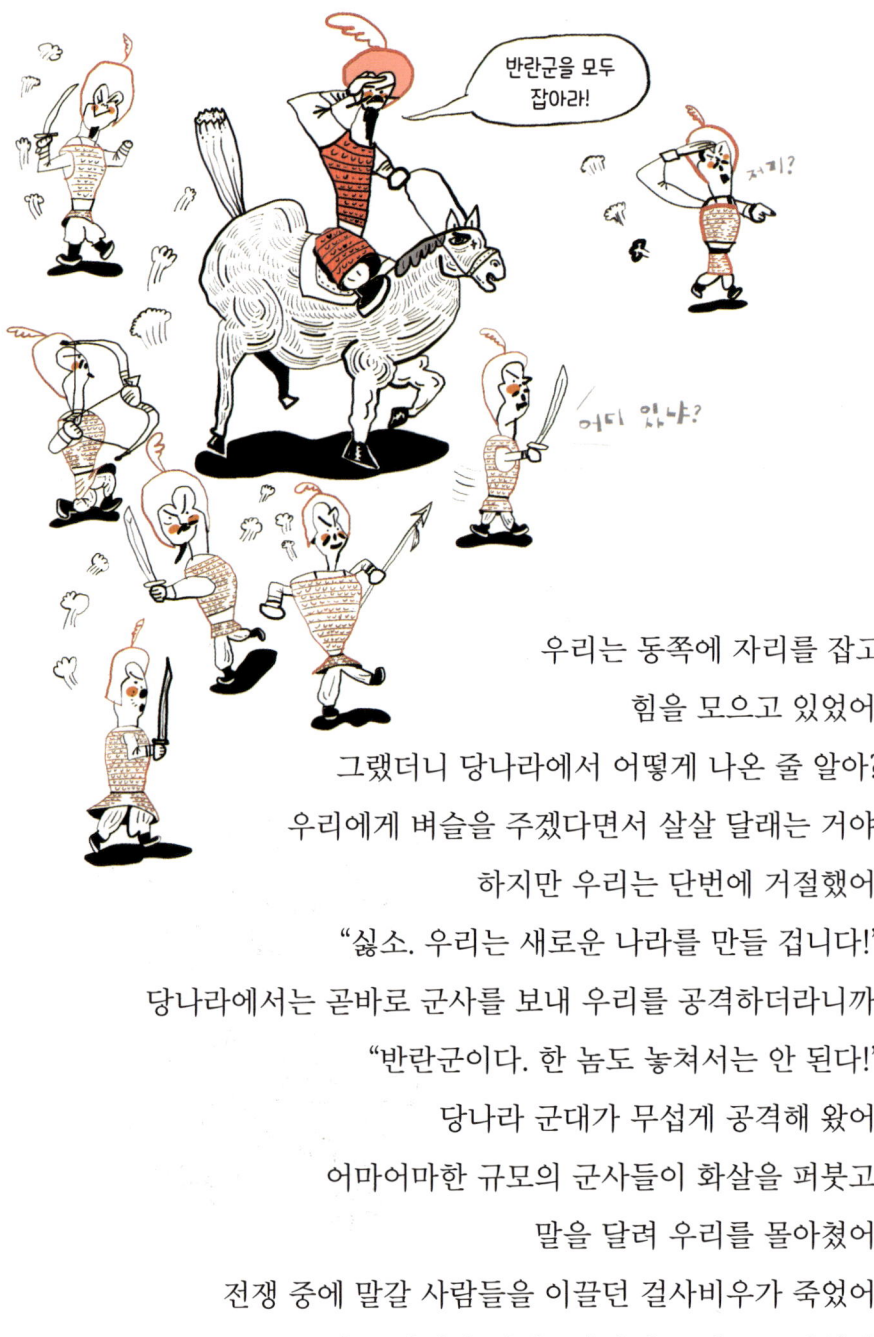

우리는 동쪽에 자리를 잡고
힘을 모으고 있었어.
그랬더니 당나라에서 어떻게 나온 줄 알아?
우리에게 벼슬을 주겠다면서 살살 달래는 거야.
하지만 우리는 단번에 거절했어.
"싫소. 우리는 새로운 나라를 만들 겁니다!"
당나라에서는 곧바로 군사를 보내 우리를 공격하더라니까.
"반란군이다. 한 놈도 놓쳐서는 안 된다!"
당나라 군대가 무섭게 공격해 왔어.
어마어마한 규모의 군사들이 화살을 퍼붓고,
말을 달려 우리를 몰아쳤어.
전쟁 중에 말갈 사람들을 이끌던 걸사비우가 죽었어.
그리고 아버지 걸걸중상마저 몸져눕고 말았지.

"아들아,
우리 고구려 사람들을 끝까지 지켜야 한다.
이제 네 손에 달려 있어."
"아버지, 저 혼자서 어떻게. 제발 힘을 내세요!"
이럴 수가! 우리 아버지가 세상을 떠나고 말았어.

너무나 슬프고 분했어.
하지만 주저앉아 울고 있을 새가 없었어.
수를 헤아리기 어려울 정도로 많은 당나라 군사가
우리를 노리고 있었으니까.
나는 마음을 다잡았어.

고구려 사람들과 말갈 사람들이 내 명령을 기다리고 있었어.
"지금 우리는 당나라 군대에 비해 힘이 약하다.
그러니 우선 동쪽으로 피신한다!
그곳에서 우리만의 나라를 만들자!"
나는 사람들을 데리고 다시 나아갔지.
절대로 포기하지 않아!

동쪽으로 가다 보니 아주 험한 산에 다다랐어.
특히 천문령이라고 하는 고개는 너무나 깊고 가팔랐어.

뒤로 돌아가자니 당나라 군대가 바짝 쫓아오고 있었어.

어떻게든 방법을 찾아야 했지.

대규모의 당나라 군대를 이기려면 기발한 작전을 써야 했어.

나는 산의 모양을 꼼꼼히 살펴보았어.

산봉우리는 높고 험하고, 그 사잇길은 아주 좁았지.

'당나라 군대가 곧 이 길로 접어들 거라고.

그러면 반드시 저 사잇길을 지나야 해.

어떻게 해야 할까?

어떻게……'

나는 계속 고민을 했어.

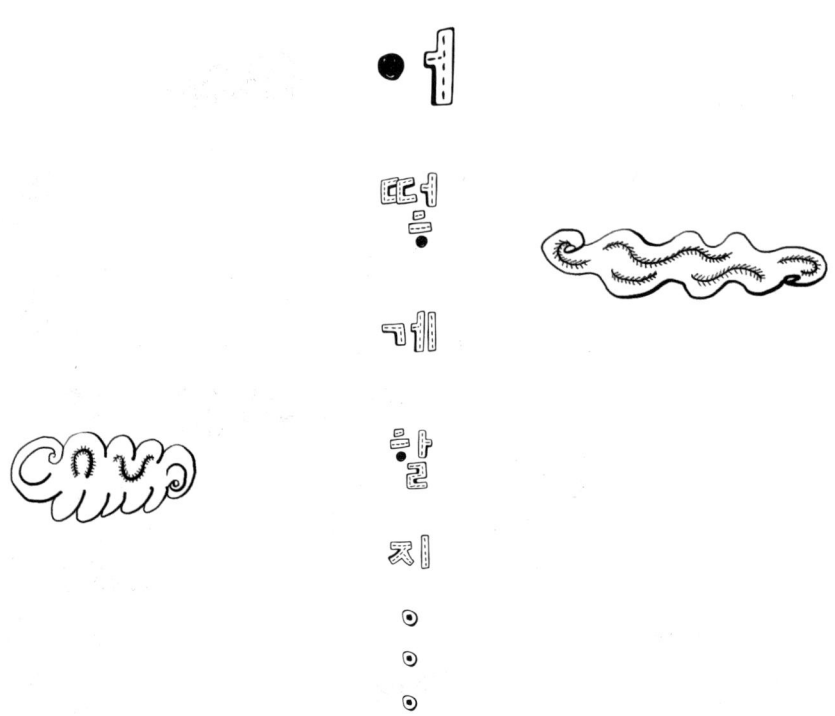

우리는 곧 전투 준비를 했어.

드디어 때가 되었어.
당나라 군대가 천문령 고개에
접어들었을 때!

내 작전은 제대로 통했어.
우리는 좁은 고갯길로 접어든 당나라 군대를 크게 물리쳤지.
당나라 군대는 더 이상 우리를 뒤쫓지 못해.
음음, 역시 작전이 중요하다니까.
당나라 병사가 우리보다 훨씬 많았지만,
우리가 승리한 거야.

당나라 군대를 완전히 물리친 우리는 동쪽으로 나아갔어.
"드디어 고구려 옛 땅인 동모산이구나."
그곳은 넓은 들 사이로 강이 흘렀어.
"사람들이 모여 살기에 아주 좋은 곳입니다."
함께하는 사람들도 좋아했어.
"여봐라, 동모산 위에 성을 쌓아라!"
마침내 나는 '진'이라는 나라를 세웠어.
"이제 이곳에서 고구려의 역사를 이어 나가리라!"

진나라의 왕이 된 나는 바쁘게 움직였어.
무릇 나라를 다스리는 일은
주변 나라들과 어떤 관계를 맺는지가 아주 중요해.
특히, 당나라! 언제 쳐들어올지 모르니 늘 준비를 해야 했지.
그래서 나는 일단 돌궐에 사신을 보냈어.
돌궐과 친하게 지내면 돌궐이 당나라 편에 붙지는 않을 테니까.
신라에도 사신을 보냈더니 역시 우리를 반겨 주었지.
그사이 백성들은 점점 늘어났고,
우리 편이 되는 나라도 많아졌어.

우리 힘이 커지니까 당나라도 좀 걱정이 됐나 봐.
우리에게 사신을 보내왔지 뭐야.
"측천무후가 죽고, 아들이 황제가 되었습니다.
이제 당나라도 진나라와 친하게 지내고 싶습니다."
"좋소, 그쪽에서 먼저 친하게 지내자 하니 그렇게 하지요."
그런데 생각해 보니, 이런 기회를 잘 이용하는 게 좋겠더라고.
나는 머리를 굴렸지.
당나라에 우리가 더는 싸울 생각이 없다는 걸
확실하게 알리고 싶었어.

"당나라 사신이 돌아갈 때 대문예를 함께 보내거라."
"아드님을요?"
"그래, 내 아들이 당나라에 가 있으면 당나라도 우리를 믿겠지.
큰아들 대무예는 큰일을 대비해야 하니 이곳에 있고,
둘째가 가면 좋겠다."
나는 둘째 아들 대문예를 당나라로 보냈어.
당나라와 친하게 지내면
전쟁 걱정에서 벗어날 수 있으니까 말이야.
후후, 역시 난 머리를 잘 쓴다니까.

나는 쉬지 않고 나라 안팎을 살폈어.
백성들이 편안하게 농사지을 수 있도록 신경을 많이 썼지.
그랬더니 점점 백성들의 살림살이가 나아지더군.
그리고 나는 땅도 많이 넓혔어.
넓은 땅만큼 우리의 힘도
점점 커졌고.

이렇게 되자 당나라에서
우리를 하나의 나라로 인정할 수밖에 없었어.
곧바로 당나라에서 나한테 이런 편지를 써서 보냈지 뭐야.

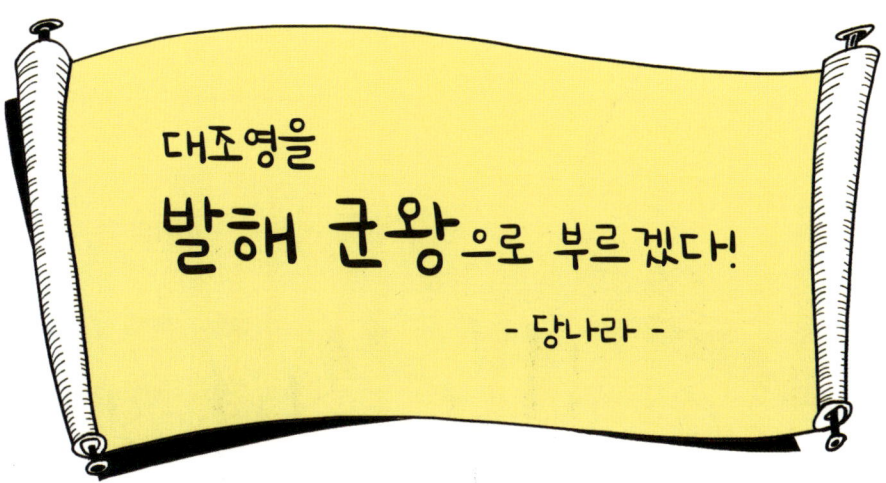

음하하! 대단하지?
당나라에서 인정받는 게 그렇게 큰일이냐고?
그럼. 대단한 일이고말고.
당나라 황제는 자기 주변 나라들의 왕 이름이며
나라 이름까지 하나하나 지어 주었어.
기분 나쁘지만 어쩌겠어?
당나라가 워낙 힘이 세니 평화를 위해 참아야지.
어쨌든 당나라에서 인정한다는 것은
그만큼 우리 힘이 세졌다는 뜻!

그때부터 자연스럽게 우리나라 이름은
자랑스러운 발해가 되었어.

고구려 포로였던 나, 대조영.
온갖 고난이 있었지만 뚫고 일어나서
결국 고구려의 뒤를 잇는 나라, 발해를 세웠어.
이제 내 아들 대무예와 백성들이
발해를 강하게 키워 갈 거야.

2 무왕, 땅을 넓혀 큰 나라로

내 아버지가 피, 땀, 눈물로 세운 나라, 발해.
나, 무왕은 아버지의 뜻을 이어받아
발해를 아주 강한 나라로 만들고 싶었어.
누구도 쉽게 흔들지 못하는 강한 나라로.
강한 나라가 되려면 무엇보다 땅이 넓어야 해.
그래서 나는 땅을 넓히는 데 온 힘을 썼지.
자, 봐. 이게 다 우리 발해 땅이야.
물론 땅을 넓히는 것이 쉽지만은 않았단다.

내가 옛 고구려와 부여 땅을 거의 되찾았을 때였어.
땅이 넓어진 만큼 여러 부족이 저절로 우리 백성이 되었지.
땅이 넓어지고 백성도 많아지니,
주변의 나라들도 조금씩 긴장하기 시작했어.
그러던 어느 날.
"폐하! 흑수 말갈이 당나라에 선물을 바쳤다고 합니다."
"뭣이라?"
그게 놀랄 일이냐고?
흑수 말갈은 우리 북쪽에 사는데,
당나라로 가려면 우리 발해 땅을 지나야 했지.
그래서 늘 우리 눈치를 보며 우리랑 친하게 지냈어.
그런데 우리 발해가 커지니까 불안해서
당나라에 손을 내민 거야.

흑수 말갈이 당나라와 손잡으면 무슨 일이 생기냐고?
자, 지도를 봐 봐.
발해의 서쪽에는 당나라,
남쪽에는 신라, 북쪽에는 흑수 말갈이 있지?
당나라와 신라는 원래 친하게 지냈으니 둘이 한편.
여기에 흑수 말갈까지 한편이 되면
우리 발해는 완전히 포위되는 거라고.
그러면 발해는 순식간에 위험해질 수 있어.
그럼 어떻게 해야 할까?
방법은 딱 하나. 위기 상황에서 벗어나야지.
나, 무왕! 도망치지 않아.

일단 신라가 함부로 움직이지 못하게 해야겠어.
나는 그 방법으로 섬나라 일본을 이용했지.
"여봐라, 내가 편지를 써 줄 테니 일본에 사신을 보내거라!"
우리가 일본과 친하게 지내면
신라는 함부로 우리를 공격할 수 없거든.
신라와 우리가 싸우면
일본이 우리를 도와 신라 뒤에서 공격할 수도 있으니까.
나는 편지에 당당하게 발해가 고구려를 이은 나라라고 밝히고
일본과 친하게 지내자고 했지.

우리 발해는 고구려 정신을 이어받은 나라입니다.
고구려의 옛 땅을 되찾고, 부여의 풍습과 문화를 잇고 있습니다.
앞으로 일본과 손을 잡고 친하게 지냈으면 합니다.
- 발해의 무왕 보냄 -

다행히 일본은 우리와 손을 잡기로 했어.
이로써 신라는 해결!

문제는 흑수 말갈이야.
흑수 말갈을 어떻게 한담?

흑수 말갈을 치자는 의견에
동생 대문예가 계속 반대를 했어.
당나라와 틀어지면 큰 전쟁을 치러야 한다는 거지.
걱정하는 바는 알겠지만,
그렇다고 그냥 두고 볼 건 아니잖아.
자칫 당나라와 흑수 말갈이 손을 잡고
우리를 먼저 공격할 수도 있으니까.
"우리가 먼저 흑수 말갈을 공격한다!
서둘러 군대를 보내거라!"
우리 발해의 꿈이 여기서 멈출 수는 없지.
나는 군대를 지휘할 장수로 동생 대문예를 선택했어.
"흑수 말갈을 쳐라.
네가 당나라를 잘 알고 있으니,
우리에게 도움이 될 것이야."
대문예 얼굴이 순간 일그러졌어.
그렇다고 어떻게 하겠어? 왕의 명령을 따라야지.

대문예는 군대를 이끌고 나아갔어.
그런데 얼마 뒤 대문예의 편지가 왔어.

폐하, 다시 한번 생각해 주십시오.
당나라는 힘이 센 나라입니다.
흑수 말갈을 공격하면
당나라와의 전쟁을 피할 수가 없습니다.
지금이라도 늦지 않았습니다.
군대를 돌리라 명령해 주십시오.

- 대문예가 -

난 어이없고 기가 막혀 화가 펄펄 났어.
왕인 내 명령에 계속 반대를 하다니.
'흠, 이래서야 대문예가 군대를 이끌 수 없지.
흑수 말갈을 공격하려면 다른 장수가 필요해.'
난 화를 꾹꾹 참으며 대문예에게 편지를 보냈어.

흑수 말갈 공격은
사촌 형 대일하가 맡는다.
대문예는 곧바로 성으로
돌아오거라.

- 무왕이 -

대일하가 이끈 발해 군사들은 흑수 말갈에 겁을 주었어.
다행히 당나라는 움직이지 않았고.
그런데 생각지도 못한 일이 벌어졌어.
내 동생, 대문예가
바로 도망을 간 거야!

대문예는 발해로 돌아오라는 소식을 듣자마자
곧장 당나라로 달아났다지 뭐야.
나한테 혼날 게 두려워 병사들을 버리고 당나라로 도망치다니.
이런 배신자!
대문예를 어떻게 해야 할까?
발해를 배신했는데, 그냥 둘 수는 없지.

대문예를 당장 발해로 돌려보내시오!

나는 당나라 황제 현종에게 소식을 보냈어.

그런데 당나라에서는 이러저러한 핑계만 대고
대문예를 내놓지 않는 거야.

정말 괘씸한 일이었지.
바로 전쟁을 일으킬 수도 없고,
그렇다고 왕의 명령을 무시한 대문예를 용서할 수도 없고…….
난 당나라를 치기 위해 기회를 엿봤지.
틈이 생길 거야.
그때를 대비해서 나는 발해군의 힘을 차곡차곡 길렀어.

그러다 몇 년 뒤 나는 장군 장문휴에게 군사를 주었어.
"장군 장문휴는 바닷길로 가서 당나라 등주 지역을 공격하라!"
우리의 작전은 기습 공격!
우리는 당나라군이 생각지도 못한 때에
갑자기 들이쳐 공격했지.
"우리는 씩씩한 발해 사람들! 나아가라! 물러서지 말아라!"
우리의 기습 공격에 등주에 있던 당나라군은 힘없이 무너졌어.
"우리 발해가 이겼다!"
이제 제아무리 힘이 센 당나라라도
우리 발해를 만만하게 보진 않을 거야.
그런데 얼마 뒤.

늘 그랬듯이 당나라가 다시 잔꾀를 쓴 거야.
"폐하! 당나라가 대문예를 앞세워 군대를 보냈답니다!"
"뭣이라? 다른 당나라 장수도 아니고, 내 동생 대문예를?"
발해 사람에게 발해를 치게 하다니!
천벌받을 노릇이었지.

그런데 역시 하늘이 가만있지 않았어.
대문예가 당나라군을 이끌고 만주 벌판을 지나오는데,
찬 바람이 쌩쌩 불었어.

결국 대문예의 당나라군은 싸워 보지도 못한 채 돌아갔단다.

"안 되겠다, 우리가 본때를 보여 주자!"
나는 군대를 당나라로 보냈어.
"폐하! 우리 발해군이 승리했답니다!"
"그래? 역시 우리 발해의 자랑스러운 군사들이구나!"
이 전쟁에서 우리 발해군의 기세가 얼마나 대단했는지 알아?
당나라는 아주아주 긴 길을 바위로 막고서야
겨우 발해군의 공격을 막아 냈다잖아.
하하! 고소하다, 고소해!
그랬더니 이번에는 당나라가
신라에 발해를 공격하라고 했어.
신라는 우리를 공격하러 나섰고.
이참에 당나라와 더 친해져
힘을 키우고 싶었던 거지.

드디어 우리 발해가
옛 고구려 땅 대부분을 차지했어.
이 땅을 보고 있으니 감동이 밀려오는구나.
이제 내 아들이 발해를 이어받겠지?
발해를 어떻게 이끌어 갈지
정말로 궁금하구나.

3 문왕, 다섯 길을 열다

꿀꺽꿀꺽! 꿀꺽꿀꺽!
무엇을 그렇게 열심히 마시고 있냐고?
하하, 내 몸을 건강하게 지켜 줄 보약을 먹고 있지.
나는 발해의 세 번째 왕, 문왕이야.
내 건강을 이렇게 잘 챙긴 덕분에
나는 오랫동안 왕으로 있으면서
발해를 탄탄하게 다질 수 있었단다.

내가 왕으로 있으면서 한 일은 아주아주 많아.
그중에서 가장 신경 쓴 일은
백성들이 살기 편안한 나라로 만드는 것!
발해의 힘도 세졌으니 이제 전쟁을 멈추고 평화롭게 지낼 거야.
"여봐라! 당나라에 사신을 보내거라!"
나는 당나라와 서로 평화롭게 지내기로 약속했지.
그러고는 여러 번 사신을 더 보내
당나라의 앞선 제도를 배워 왔어.
젊은 학생들도 당나라로 보내 공부하게 했지.
좋은 것은 배우고 받아들여야 하잖아.
당나라에서 받아들인 것들은
우리 발해가 탄탄해지는 데
큰 도움이 됐어.

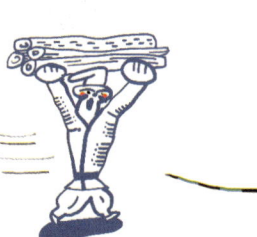

난 당나라뿐만 아니라 돌궐 같은 북쪽 세력이나
일본, 신라 같은 남쪽 나라하고도 친하게 지냈어.
각 나라의 사신들이 평화롭게 오갔지.
내가 한 일은 더 있어.
수도를 상경성으로 옮겼단다.
상경성은 땅이 기름지고
강과 호수가 있어서 백성들이
살기에 편해.
무엇보다 주변 나라로 가기에 알맞은 자리에 있어.
"당나라의 수도 장안의 모습을 참고해
상경성을 짜임새 있게 만들어라!"
어휴, 바쁘다, 바빠!

내가 한 일 중에 가장 잘한 일은 길을 낸 거야.
"우리 발해는 땅이 넓고, 다른 나라로 에워싸여 있다.
길을 잘 만들어서 백성들이
편하게 오갈 수 있도록 하여라."
나는 상경성을 중심으로
전국 곳곳으로 잇는 길을 만들게 했어.
그 길들은 주변 나라까지 이어졌고
그중 다섯 개의 길이 무척 유명해졌지.

발해는 이렇게 힘이 강해졌는데
내게는 슬픈 일이 거듭 일어났어.
왕비와 맏아들, 둘째 딸이 나보다 먼저 세상을 떠났어.
그리고 내가 사랑했던 넷째 딸 정효마저 가 버렸어.
정효를 생각하면 마음이 아려 와.
정효는 어디 하나 빠진 데가 없는 아이였어.
나는 정효를 무척이나 아꼈단다.
하지만 먼 지방을 다스리기 위해
정효를 멀리 시집보낼 수밖에 없었단다.
정효는 남편과 함께 그곳을 다스렸지.
그런데 사위가 일찍 죽더니 아이까지 잃고 말았어.
그 와중에도 정효는 날 대신해서 그 지역을 세세하게 챙겼어.
그러던 정효가 죽다니, 가슴이 미어지는구나.

나는 한동안 잠을 잘 수도, 먹을 수도 없었어.

신하들은 나를 걱정하면서 정효 공주의 장례를 준비했지.
"온 나라에 춤과 노래를 금지하노라.
정효 공주의 묘에 정성을 다하거라."

정효 공주가 세상을 뜨고 나니
나는 온몸에 힘이 쭉 빠지더구나.
하긴 왕을 56년이나 했으니 내가 할 일은 다 했지.
그동안 발해는 동아시아 최고의 나라가 되었고,
안팎으로 튼튼해졌어.
그랬더니 당나라가 나를 '발해 국왕'이라고
부르지 뭐야.
그동안에는 발해의 왕을
'발해 군왕'이라고 해서
조금은 얕잡아 봤거든.
그만큼 우리 발해가
많이 강해졌다는 말이지.
후후, 발해가 정말 자랑스럽구나.

하나의 나라로 인정받고, 더욱 강해진 발해.
앞으로 우리 발해에 어떤 날이 펼쳐질까?
우리 함께 발해의 앞날을 지켜보자꾸나.

4 해동성국 발해

여기가 말로만 듣던 발해로군.
오호, 쭉쭉 뻗은 길에 활기찬 사람들이며.
'해동성국'이라 불릴 만하네.
나는 일본에서 온 상인 '다사와'야.
나는 다른 상인들과 함께
 발해에서 담비 가죽을 사 갈 생각이야.
발해의 담비 가죽은 일본에서 인기가 최고거든.
흐흐, 기대되네.

난 발해에 처음 왔지만,
다른 일본 상인들은 발해에 여러 번 왔었어.
물론 발해 상인들도 일본에 많이 왔었고.
발해랑 일본이 가까워서 그러냐고?
전혀 아냐. 발해는 신라보다 훨씬 멀고 가는 길은 무척 위험해.
발해에서 일본까지 가려면 아주 먼 바다를 건너야 해.
배를 타고 가다가 풍랑을 만나 죽은 사람도 많대.
그런 위험을 무릅쓰고 서로 오가는 거지.

발해 상인들은 보통 가을에 배를 띄워서 일본에 와.
일본에서 팔 여러 가지 물건을 가득 싣고 말이야.
발해의 호랑이 가죽이나 담비 가죽, 산삼이나 꿀 같은 물건들은
일본에서 엄청나게 인기가 많지.
발해 상인들은 일본 왕족이나 귀족들에게 가져온 물건을 팔고,
이듬해 여름이 되면 다시 발해로 출발해.
발해와 일본은 멀지만 아주 가까운 나라야.

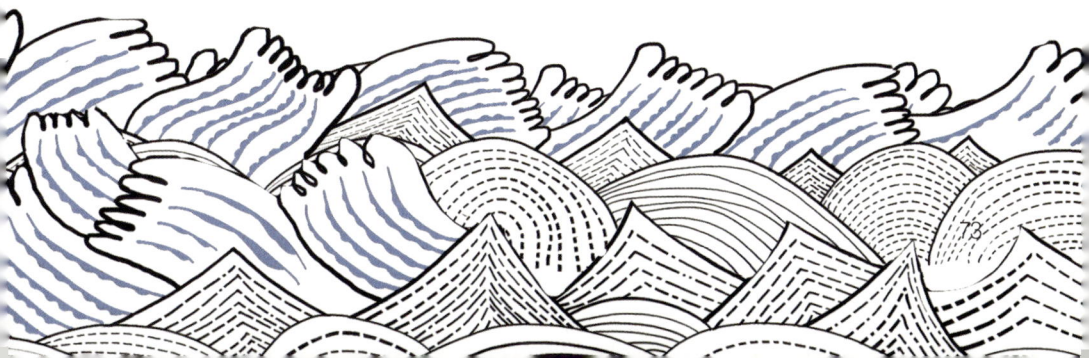

우리는 이 사람, 저 사람 두리번거렸어.
여기 발해에는 정말 여러 민족이 어울려 살고 있군.
고구려 사람, 말갈 사람뿐만 아니라
더 북쪽으로 가면 거란 사람들도 살고 있다지 뭐야.
아, 사람 구경만 할 거냐고?
우리를 안내할 발해 상인을 기다리는 중이야.
"반갑습니다. 저를 따라오십시오."
드디어 만났군.
우리는 발해의 수도인 상경성으로
갈 거야.
"상경성은 처음이라고 하셨지요?
상경성에는 온갖 나라의 사람들이 다
모인답니다.
신라 사람들, 당나라 사람들, 멀리 서역 사람들도 있지요.
다들 엄청난 물건을 가져와서 발해 물건들과 바꾸어 가지요."
상경성은 어떤 모습일까?
가슴이 두근대지 뭐야.

발해 상인이 이끄는 대로 따라가니 상경성이 보였어.
"아, 저기가 상경성이군요. 듣던 대로 어마어마하네요!"
상경성 안으로 들어가니
널따란 광장과 반듯하게 정리된 길이 보였어.
역시 당나라 수도 장안을 본떠 만든 계획도시답더군.

발해 상인이 광장으로 곧게 뻗은 길을 가리켰어.
"이 길 끝에 황제가 사는 궁궐이 있지요."
발해의 황제라면 선왕을 말해.
그래서인지 길 끝 쪽에서 강한 기운이 느껴지는 것 같았어.

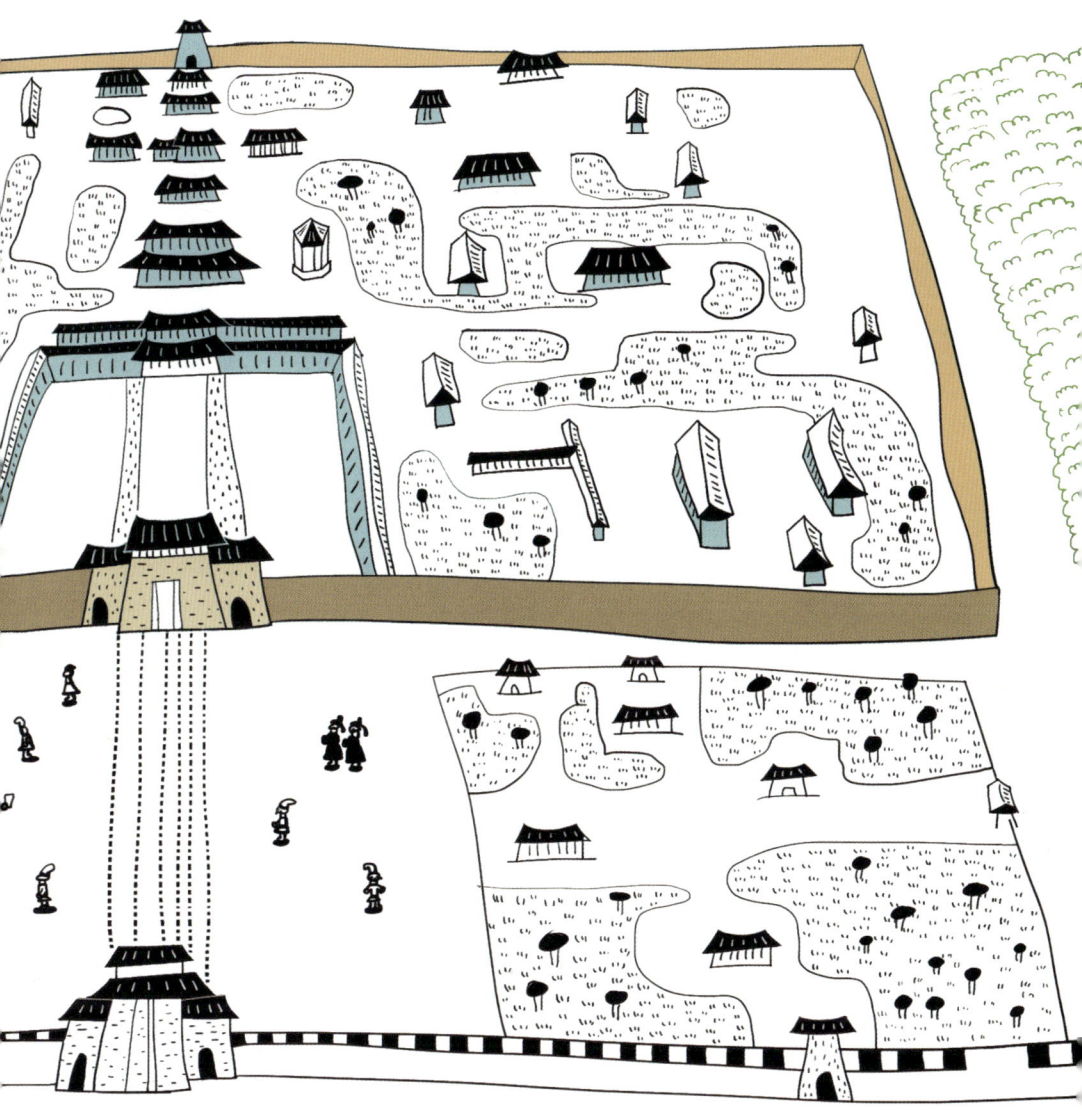

"발해의 황제가 대단하신 분이라면서요?"
"하하, 그럼요. 지금의 황제이신 선왕께서
발해의 혼란을 극복하고 발해를 최고로 만드셨지요."
발해 상인은 얼굴이 환해지면서
발해 황제 이야기를 늘어놓았어.

   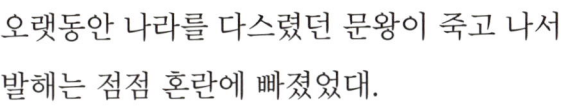

오랫동안 나라를 다스렸던 문왕이 죽고 나서
발해는 점점 혼란에 빠졌었대.
어찌 된 일인지 왕만 됐다 하면 죽기 일쑤!
문왕과 선왕 사이에 왕이 6명이나 되었다지 뭐야.
"그런데 선왕께서 왕위에 오르고 확 달라졌어요."
선왕은 흑수 말갈과 신라를 공격해서 땅을 많이 넓혔대.
지금 발해가 차지한 땅은
고구려의 광개토 대왕 때만큼이나 넓다잖아.
게다가 선왕은 백성들로 하여금 학문에 힘쓰게 했대.
당나라에서 책도 많이 들여오고,
학생들을 아예 당나라로 보내 공부시킨다고 하더군.
선왕은 다른 나라와 장사하는 것도
적극 돕는다지.
으, 정말 부럽다.

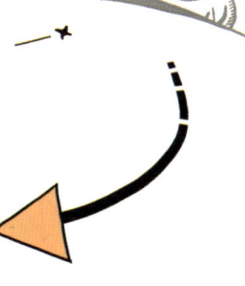

이러니 요즘 당나라에서 발해를
'해동성국'이라고 부르나 보군.
바다 동쪽의 융성한 나라라는 뜻으로 말이야.

"아이코, 이러고 있을 때가 아닙니다.
상경성 밖에 가죽 시장이 열리니, 그곳으로 빨리 갑시다."
오호, 서둘러야겠군.
여러 나라 상인들이 함께 모이는 자리이니 아주 흥미로울 거야.
좋은 담비 가죽을 사 가야지.
나는 입맛을 다셨어.

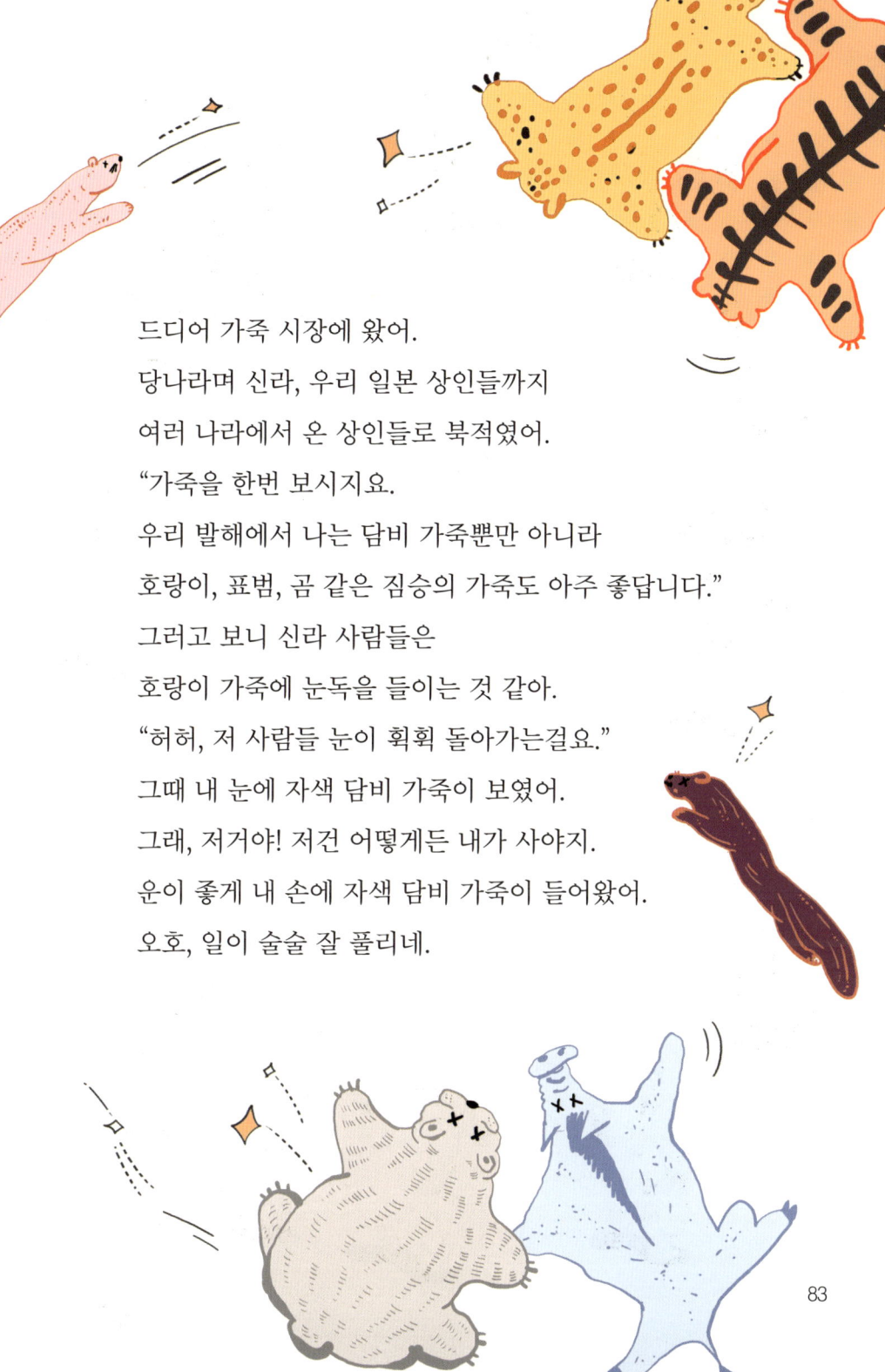

드디어 가죽 시장에 왔어.
당나라며 신라, 우리 일본 상인들까지
여러 나라에서 온 상인들로 북적였어.
"가죽을 한번 보시지요.
우리 발해에서 나는 담비 가죽뿐만 아니라
호랑이, 표범, 곰 같은 짐승의 가죽도 아주 좋답니다."
그러고 보니 신라 사람들은
호랑이 가죽에 눈독을 들이는 것 같아.
"허허, 저 사람들 눈이 휙휙 돌아가는걸요."
그때 내 눈에 자색 담비 가죽이 보였어.
그래, 저거야! 저건 어떻게든 내가 사야지.
운이 좋게 내 손에 자색 담비 가죽이 들어왔어.
오호, 일이 술술 잘 풀리네.

흥겨운 시장을 나오니
어디선가 노랫소리가 들렸어.
"한번 가 봅시다. 우리 발해의
노래와 춤을 구경하면 흥이 절로 나지요."
발해 상인이 어깨를 들썩이며 말했어.
벌써 흥이 나나 봐.
노랫소리를 따라가니 사람들이 모여 있었어.
처음에는 몇 사람이 앞장서
춤과 노래를 하나 싶더니
그 뒤로 너도나도 일어나
춤을 추고 노래를 하지 뭐야.
모두 함께 빙빙 돌기도 하고.

"하하, 발해 사람들은 참 흥이 많군요."
"그렇지요. 발해 사람들은 시도 즐긴답니다.
유명한 문장과 시를 병풍에
금으로 써 놓기도 한다니까요.
또 씩씩하게 운동하는 것도 좋아해요.
말을 타면서 공을 치는 격구 같은 거요."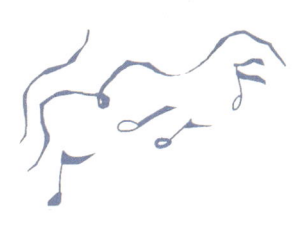
하긴 발해 상인 말이 과장은 아니야.

예전에 발해 사신이 일본에 왔을 때
일본 왕 앞에서 격구 경기를 선보인 적도 있었어.
그때 격구 경기가 무척이나 흥미진진했다잖아.
"발해 사람 셋이 모이면
맨손으로 호랑이도 잡는다는 말이 사실인가 봅니다."
내 말에 발해 상인은 씩 웃으며 대답했어.
"그만큼 발해 사람들이 씩씩하고 용맹하다는 거겠지요."

나는 지금 일본으로 돌아가는 길이야.
해동성국 발해를 다녀온 소감이 어떻냐고?
발해 사람들은 편안하고 활기차 보였어.
황제가 강한 힘으로 백성을 지키고,
편안히 다스리니 걱정이 없는 거겠지.
바다 동쪽의 융성한 나라라더니 그 말이 잘 어울리더군.
게다가 이렇게 멋진 담비 가죽을 손에 넣을 수 있었으니
바다 건너 발해에 다녀오길 잘했어.

곧 발해가 그리워질 것 같아.
발해 사람들의 활기찬 모습이 오래오래 계속되겠지?
한번 지켜보고 싶어.

5 아, 발해!

"아이고 다리야, 어디까지 가야 고려인가요?"
"조금만 참읍시다. 곧 고려 사람들을 만날 거예요."
"고려에서 우리를 받아 주겠지요?"
나라 잃고 갈 곳 없이 떠도는 사람보다
더 불쌍한 사람이 있을까?
우리나라 발해가 망했어.
한때 해동성국이라 불렸던 나라인데.
발해가 망하다니, 지금도 믿어지지 않아.

나는 상경성 어귀에서 살던 평범한 발해 백성이었어.
어느 날부터인가 믿을 수 없는 소식들이 들려왔어.

몇 년 뒤, 우리 발해도 좀 이상했어.
뒤숭숭한 소문이 정말 많이 떠돌았어.

이때 발해 북쪽에서는 거란의 힘이 세지고 있었어.
거란의 한 부족 추장이었던 야율아보기는
여기저기 흩어져 살던 거란 부족들을 하나로 모았어.
결국 거란을 하나의 나라로 통일한 거야.

야율아보기는 야금야금 발해의 땅을 빼앗아 갔어.

땅을 빼앗긴 발해도 가만히 있지 않았어.
지지 않고 거란을 공격했지.

그랬더니!

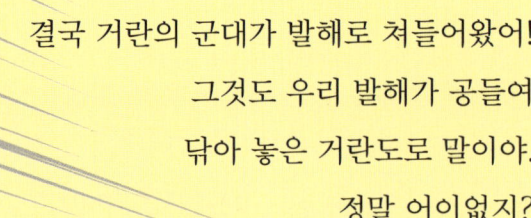

어이없는 일은 또 일어났어.
거란은 발해의 부여성을 쉽게 빼앗았어.
겨우 3일 만에.
부여성은 발해에 아주 중요한 곳이었지.
하지만 부여성을 지키는 병사도 적었고,
성벽도 고치지 않은 채 내버려져 있었대.
싸울 무기와 군사들이 먹을 식량도
바닥나 있었고.

휴, 한숨이 나올 수밖에.
발해의 애왕은 뒤늦게 군사를
부여성으로 보냈지만, 크게 지고 말았어.
이게 끝이 아니야.
발해의 수도인 상경성도
곧 거란군에 포위되었지 뭐야.
부여성이 점령된 지 6일 만에 말이야.
발해의 심장, 상경성이……

우중충

성안의 군사와 백성들은 죽을힘을 다해 싸웠어.

포위된 지 3일 만에 애왕은 결국 항복하고 말았어.

그래도 우리가 누구야? 해동성국, 발해 사람들이라고!
쉽게 물러서지 않아.
성안에 남은 군사들과 백성들은 끝까지 싸웠어.

왕은 항복했는데, 백성들이 끝까지 싸우다니.
이보다 기막힌 일이 또 있을까?
하지만 우리도 곧 거란에 무릎을 꿇을 수밖에 없었단다.

애왕은 어떻게 되었냐고?
얼핏 들려오는 소문에는 물고기가 되었다는 말도 있었지.
거란이 상경성을 공격할 때 애왕은 술판을 벌이고 있었대.
성이 함락되었다는 소식을 듣고 가장 먼저 보물을 챙겼다나.
그걸 들고 달아나는데 어떤 호수에 다다른 거야.
어디로도 달아날 데가 없었다지.
거란군이 가까워지자 애왕은 호수로 풍덩 뛰어들었대.
보물을 껴안고 말이야.
함께 갔던 신하들과 시종들도 뒤따라
호수에 뛰어들고.
그래서 어찌 되었냐고?
모두 머리 셋에 눈이 여섯인
물고기가 되고 말았대.

정말이냐고?
물론 사실이 아니야.
나라가 망할 때는 꼭 이런 이야기가 떠돌아.
나라가 망한다는 게 너무나 기막히니
이런 이야기를 나누며 아쉬움을 달래는 거지.

그래도 난 발해 사람인 게 자랑스러워.
발해에서 태어나 발해 사람으로 당당하게 살았어.
알다시피 한때 발해는 가장 빛나는 나라였잖아.
당나라에도 당당하게 맞섰고
신라, 일본에도 널리 이름을 알렸으니까.
내가 발해 사람이라는 걸 잊지 않을 거야.
자, 이제 고려로 가자.
고려도 발해처럼 고구려의 후손이라니까
발해처럼 튼튼하고 빛이 나겠지?

재미만만 한국사
발해
역사는 흐른다

고구려 멸망.
668년

신라, 삼국 통일.
676년

문왕, 왕이 됨.
737년

선왕, 왕이 됨.
818년

견훤, 후백제 건국.
900년

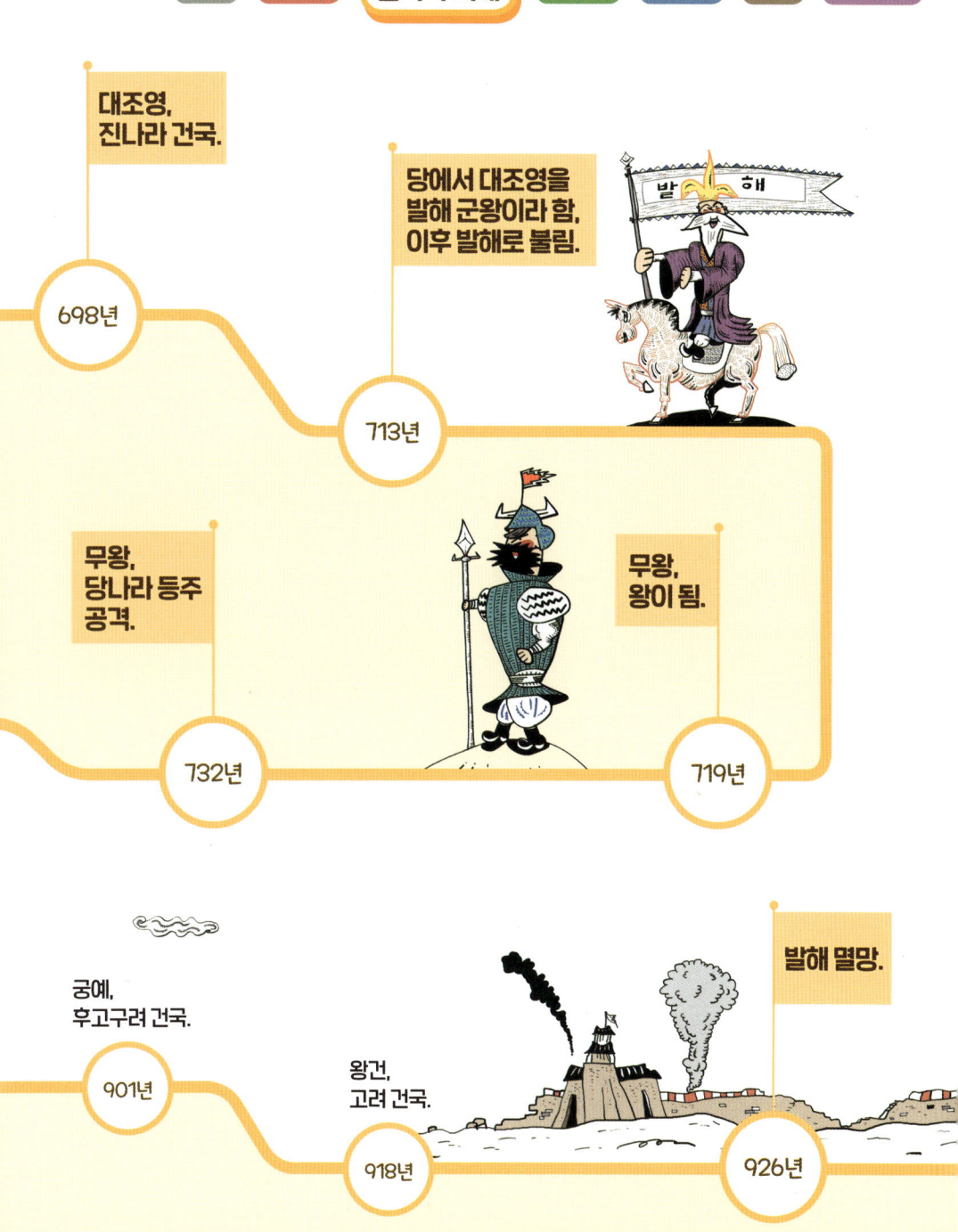

글 박효미

우리 사회와 일상에서 일어나는 일들을 정면으로 바라보며 어린이들과 나누고 싶은 이야기를 동화로 쓰고 있습니다. 쓴 책으로는 『학교 가는 길을 개척할 거야』, 『일기 도서관』, 『길고양이 방석』, 『노란 상자』, 『오메 돈 벌자고?』, 『왕자 융과 사라진 성』, 『블랙 아웃』, 『7월 32일의 아이』, 『곰팡이 보고서』, 『나는 여름방학 중독이에요』, 『이구아나 할아버지』 등이 있습니다.

그림 심민건

프리랜서로 일러스트를 그리며 이야기에 생기를 불어넣는 작업을 하고 있습니다. 그린 책으로는 『똥은 주인을 닮았다』 등이 있습니다.

감수 하일식

연세대학교 사학과를 졸업하고, 같은 학교 대학원에서 고대사를 연구하여 박사 학위를 받았습니다. 현재 연세대학교 사학과 교수로 학생들을 가르치고 있습니다. 쓴 책으로는 『신라 집권 관료제 연구』, 『경주 역사 기행』, 『한국 고대사 산책』(공저), 『고려시대 사람들의 삶과 생각』(공저) 등이 있습니다.